Made in the USA
Middletown, DE
29 August 2024

59957179R00062